논술? 장난이 아니라구~

논술은 흔히 말하는 '벼락치기'가 통하지 않습니다.

주어진 논제와 제시문을 정확히 파악하여 자신의 생각을 정리하여 한 편의 논리적인 글을 완성한다는 것은 벼락치기로 터득될 수 있는 것이 아니기 때문입니다.

논술은 생각하고, 읽고, 보고, 듣고, 느낀 바를 가치있게 표현하는 전체의 과정입니다. 이런 과정이 하루 아침에 완성될 수는 없는 것이지요.

하지만 논술을 억지로 원고지를 채워야 하는 머리 아픈 과정으로만 생각해서는 진짜 논술 실력을 키울 수 없습니다. 단순한 원고지 채우기가 아니라 스스로 사고하여, 자신의 생각을 정리하고 그것을 다른 사람에게 나타낼 수 있다면 여러분은 이미 논술의 모든 것을 터득한 것입니다.

지금부터 쉽고 즐거운 논술이 시작됩니다.

여러분은 그저 따라오기만 하면 되지만, 단기간에 자신의 실력이 눈에 띄게 늘지 않는다고 조급해 하실 필요는 없습니다. 팔굽혀펴기를 10번 하던 학생이 11번 하게 되는 것은 10번까지의 노력이 아니라 11번째의 마지막 필사의 몸부림 때문입니다. 논술도 그렇습니다. 실력이 늘지 않는 것 같고, 언제나 그 자리 같은 생각이 들어도 포기하지 말고, 끝까지 재미있게 생각하는 습관을 기르며 생각을 다듬어 가다 보면 분명히 논술 실력은 늘게 되어 있습니다.

이 책에서 배우게 될 이 세상의 많은 일들과 여러분 주변의 크고 작은 이야기들에 작은 관심만 기울여 생각하기 시작한다면, 여러분은 논술 영웅의 길로 들어선 것입니다. 「박학천 국어논술」과 함께 그 길을 가다 보면 어느 새 달라진 여러분 생각의 크기를 확인할 수 있을 것입니다.

지은이 **서울대 국어교육학 박사 박학천**

교과서와 논술의 통쾌한 만남
박학천 국어논술

· 국어 사회 과학 + 독서 논술 토론 통합프로그램입니다.
· 쉽고 부담 없는 자료를 편하게 따라만 가면 저절로 사고력, 독해력, 이해력이 자라는 검증된 프로그램입니다.

단원별 학습 목표 및 구성

week 01
발상사고혁명

실질적인 〈발상·사고〉 훈련
■ 고정 관념을 깨고, 개성적인 사고를 기릅니다.
■ 스스로 질문하고 비판하는 시각과 자세를 기릅니다.

week 02
교과서 논술 01

〈국어 능력〉 심화 학습
■ 국어 교과서 선행 학습으로 단원의 핵심을 이해합니다.
■ 수행평가, 논술형 문항으로 국어과 학습 능력을 키웁니다.

※ 교과서 활용 : 『말하기·듣기』 / 『읽기』

week 03
독서 클리닉

실질적인 〈읽기 능력〉 향상 훈련
■ 억지로 읽기보다는 읽는 맛과 재미를 알려 줍니다.
■ 비판적 읽기, 개성적 읽기로 글을 보는 안목을 키웁니다.

week 04
교과서 논술 02

〈국어 능력〉 심화 학습
■ 국어 교과서 선행 학습으로 단원의 핵심을 이해합니다.
■ 수행평가, 논술형 문항으로 국어과 학습 능력을 키웁니다.

※ 교과서 활용 : 『말하기·듣기』 / 『읽기』

병아리도 날 수 있다!

week 05
영재 클리닉 01

사회 교과서를 활용한 영재 심화 학습
■ 통합 교과 시대를 대비, 사회과 학습 테마를 논술로 연결시켜 쉽고 재미있게 초중고 학습 과정의 주요 주제와 쟁점을 알려 줍니다.

※ 교과서 활용 : 『바른 생활』/『사회』

week 06
교과서 논술 03

〈국어 능력〉 심화 학습
■ 국어 교과서 선행 학습으로 단원의 핵심을 이해합니다.
■ 수행평가, 논술형 문항으로 국어과 학습 능력을 키웁니다.

※ 교과서 활용 : 『말하기·듣기』/『읽기』

week 07
영재 클리닉 02

과학 교과서를 활용한 영재 심화 학습
■ 통합 교과 시대를 대비, 과학과 학습 테마를 논술로 연결시켜 쉽고 재미있게 초중고 학습 과정의 주요 주제와 쟁점을 알려 줍니다.

※ 교과서 활용 : 『슬기로운 생활』/『과학』

week 08
논술 클리닉

『쓰기』 교과서를 활용한 논술 훈련!
■ 쓰기 교과서로 쓰기 학습 능력을 키운 후, 생활문에서 본격 논술까지 자신 있게 자신의 견해를 글로 표현하도록 유도합니다.

※ 교과서 활용 : 『쓰기』

차례

발상사고혁명	백설 공주는 정말 예쁘고 착했을까?	05
교과서 논술 01	친하게 지내요 01	15
독서 클리닉	베짱이를 욕하지 마세요	25
교과서 논술 02	친하게 지내요 02	35
영재 클리닉 01	단정한 옷차림	45
교과서 논술 03	무엇을 찾을까요?	53
영재 클리닉 02	살기 좋은 우리 집	63
논술 클리닉	엄마! 제 편지를 받아 주세요!	71

책 속의 책 | GUIDE & 가능한 답변들

백설 공주는 정말 예쁘고 착했을까?

아! 난 왜 이렇게 예쁜 거야. 이렇게 예뻐도 되는 거야?

발상의 사고 혁명

엉덩이를 샐룩샐룩~

'백설 공주' 하면 어떤 것이 떠오르는지 이야기해 보세요.

고정관념을 깨자!
백설 공주는 정말 예쁘고 착했을까?

01 백설 공주 이야기

착한 백설 공주와 못된 왕비님

착하고 예쁜 백설 공주와 마음씨 나쁜 왕비가 살았어요. 왕비에겐 신기한 요술 거울이 있었는데, 왕비는 거울에게
"거울아, 거울아, 이 세상에서 누가 제일 예쁘지?"
"왕비님도 예쁘지만 백설 공주가 더 예쁘답니다."
거울의 말에 질투가 난 왕비는 사냥꾼을 시켜 공주를 죽이라고 했지만 착한 사냥꾼은 공주를 숲 속에 놓아주었고, 공주는 숲에서 마음씨 착한 일곱 난쟁이들을 만나 함께 살게 되었어요.

거울을 통해 공주가 살아있다는 사실을 알게 된 왕비는 직접 공주를 죽이려고, 할머니로 변장해서 공주를 찾아갔어요. 공주에게 날씬한 허리를 만들어 주는 '허리끈'이라면서 숨을 못 쉬도록 꽉 졸라매 죽이려고 했지만, 일곱 난쟁이들의 도움으로 살아났죠.

약이 오른 왕비는 이번에는 '독을 바른 빗'을 만들어 다시 공주를 죽이려고 했지만, 역시 착한 일곱 난쟁이들의 도움으로 공주는 다시 살아났어요.

왕비는 마지막으로 '독사과'를 들고 공주를 찾아 갔고, 독사과를 한 입 베어 문 백설 공주는 그 자리에서 쓰러지고 말았어요. 일곱 난쟁이들이 공주를 깨워 봤지만 일어나지 않았어요. 일곱 난쟁이들은 유리관을 만들어 공주를 넣어

두었어요. 그러던 어느 날, 왕자님이 나타났어요.
"정말 아름다운 공주님이구나!" 하며 왕자가 공주에게 입을 맞추자 공주가 깨어났어요. 공주가 깨어나자 모두들 기뻤어요. 그 후 백설 공주와 왕자님은 결혼을 해서 행복하게 살았답니다.
　마음씨 나쁜 왕비는 어떻게 되었냐구요? 불에 달구어진 쇠구두를 신고 죽을 때까지 춤을 추는 벌을 받았답니다.

1 이야기 속에 나오는 등장 인물들을 모두 찾아 써 보세요.

2 왕비는 왜 백설 공주를 죽이려고 했나요?

① 일곱 난쟁이들과 살았기 때문에
② 백설 공주가 왕비를 미워했기 때문에
③ 백설 공주가 왕자님과 결혼했기 때문에
④ 백설 공주가 착하고 인기가 많았기 때문에
⑤ 요술 거울이 왕비보다 백설 공주가 예쁘다고 말했기 때문에

3 일곱 난쟁이들이 백설 공주를 도와 준 일을 모두 찾아 써 보세요.

첫 번째 :

두 번째 :

세 번째 :

02 백설 공주는 정말 착할까요?

"어떻게 된 거예요? 여기가 어디예요?"
"백설 공주! 깨어났군요. 나는 이웃 나라의 왕자입니다. 우연히 길을 가다가 일곱 난쟁이들에게 당신의 사정을 들었습니다."
"왕자님께서 저를 살려 주셨군요. 정말 감사합니다."
"백설 공주! 당신을 처음 본 순간 사랑에 빠졌습니다. 나와 결혼해 주시겠소?"
"좋아요."
백설 공주는 일곱 난쟁이와 헤어져 왕자를 따라가서 행복하게 살았답니다.

1 '백설 공주'를 떠나 보내는 일곱 난쟁이들의 마음은 어땠을까요?

아마

것이다!

우리 없었으면 넌 굶어 죽었어.

2 만약에 백설 공주가 일곱 난쟁이를 만나지 않았다면 어떻게 되었을까요?

3 독사과를 먹고 깊은 잠에서 깨어 난 백설 공주는 왕자님과 함께 일곱 난쟁이들의 곁을 떠났어요. 이 행동에 대해 어떻게 생각하는지 써 보세요.

백설 공주의 행동은 말이야…

4 만약에 내가 백설 공주라면 일곱 난쟁이들에게 어떻게 했을까요?

03 백설 공주가 뚱보였다면?

1 『백설 공주』를 연극으로 꾸밀 거예요. 사진을 보고 물음에 답하세요.

(가) (나) (다) (라)

① 백설 공주 역할에 가장 잘 어울리는 사람은?

② 왕자님 역할에 가장 잘 어울리는 사람은?

2 사진 속의 남자는 영국의 '찰스 왕자'입니다. 여러분이 생각했던 왕자와 어떻게 다른지 이야기해 보세요.

나 왕자 맞아~! 우이씨~!

3 백설 공주의 외모는 어떻게 생겼나요? 여러분이 알고 있는 대로 써 보세요.

4 만약에 백설 공주가 '뚱뚱하고 못생겼다면' 주변 사람들은 백설 공주를 어떻게 대했을까요?

① 우선, 왕비는 :

② 그리고, 일곱 난쟁이들은 :

③ 마지막으로 왕자님은 :

5 4번 문제에서 백설 공주가 뚱뚱하다면 동화 속 이야기는 어떻게 달라졌을지 백설 공주 이야기를 새롭게 꾸며 보세요.

한 걸음 더 — 못생겼다고? 나 그래도 영화 배우야!

슈렉 이야기

우리가 알고 있는 동화 속 왕자님과 공주님은 어떤 모습을 하고 있나요?

동화 속 왕자님과 공주님은 아름다운 모습에 착한 마음씨를 가지고 있고 잘생기고 용감한 왕자님은 예쁜 공주님을 구해 줘요. 나쁜 마녀의 마법에 걸려 흉측한 모습을 하고 있더라도 마법이 풀리면 또 다시 멋지고 예쁜 모습으로 돌아오죠. 『미녀와 야수』의 야수와 『개구리 왕자』의 개구리처럼 말이에요.

하지만 영화 『슈렉』의 주인공 슈렉은 달라요. 피부색은 초록색이고, 머리카락은 하나도 없으며 귀도 나팔처럼 튀어나와 있어 누가 봐도 멋지고 잘생겼다고 생각할 수 있는 부분은 하나도 없어요. 더군다나 성격도 괴팍해서 친구도 없답니다. 그러나 슈렉은 자신의 외모에 대해 부끄럽고 창피해 하기 보다는 다른 사람들 앞에서 당당하게 큰 소리 치면서 살아요.

또 하나 슈렉은 피오나 공주를 만나게 되는데 공주는 낮에는 아름다운 모습을 하고 있지만 밤이 되면 슈렉과 같은 괴물로 변하는 마법에 걸렸답니다. 이 마법은 멋진 기사나 왕자와 결혼을 하게 되면 본래의 아름다운 모습을 되찾게 되어 있지요. 그러나 영화의 끝에서는 아름다운 공주의

괴물 슈렉과 피오나 공주 : "주인공 맞습니다"

슈렉~ 귀여워!

모습으로 돌아올 것이라는 우리의 상상을 깨지게 합니다. 마법에 풀린 피오나 공주는 슈렉과 같은 괴물의 모습으로 돌아왔거든요.
그러나 공주는 이런 외모는 중요하지 않았어요. 피오나 공주 곁에는 피오나를 사랑해 주는 슈렉이 있었으니까요.

1 영화 『슈렉』의 주인공 슈렉은 어떤 외모를 가지고 있나요? 이 글에서 찾아 써 보세요.

2 마법에서 풀린 피오나 공주가 자신의 외모와 슈렉의 외모보다 중요하게 생각했던 것은 무엇일까요?

3 못생겼다고 영화나 드라마의 주인공이 될 수 없을까요?

친하게 지내요 01

교과서 논술이

난, 할 수 있어!!

『말하기·듣기』·『읽기』_ 첫째 마당 (1) 「2학년이 되어」 (2) 「정다운 우리」

내 눈으로 보는 교과서 01

고운 말로 이야기 해요

말하기 듣기 | 교과서 6~9쪽 | 학습 목표: 고운 말로 이야기를 주고받으면 어떤 점이 좋은지 알 수 있다.

내용풀이

* **주제** 고운 말로 말하기
* **중심 생각** 다른 사람과 대화를 할 때에는 고운 말을 사용해야 합니다.

아이쿠! 엉덩이야!

① 미안해! 내가 앞을 잘 못봤어. / 다치지는 않았니? 미안해.

② 앞을 똑바로 봐야지! / 짜증나! 너때문에 넘어졌잖아.

1 고운 말로 이야기를 주고받으면 좋은 점은 무엇일까요?

① 서로 싸우게 됩니다.
② 서로 기분이 나빠집니다.
③ 공부를 잘 할 수 있습니다.
④ 부모님께 꾸중을 듣습니다.
⑤ 이야기를 나눈 사람에게 좋은 감정을 가질 수 있습니다.

2 영수와 윤미의 대화를 보고, ①과 ② 대화의 차이점이 무엇인지 써 보세요.

① _____

② _____

3 다음 그림을 잘 보고, 빈 칸에 들어갈 알맞은 말을 써 보세요.

① 동생이 내 물건을 망가뜨렸어요. 뭐라고 해야 할까요?

② 친구가 내 그림에 물을 쏟았어요. 뭐라고 해야 할까요?

※ 앗! 자동차 사고가 났어요. 다음 그림을 보고 물음에 답하세요.

1. 이 그림 속에 등장하는 사람들의 얼굴을 활짝 웃는 얼굴로 바꾸어 주려고 해요. 어떻게 해야 할까요? 빈 칸을 채워 보세요.

내 눈으로 보는 교과서 02

2학년이 되어 너무 좋아요!

읽기 교과서 6~15쪽 | 학습 목표 : 글을 읽고 자신의 생각과 느낌을 말할 수 있다.

내용풀이

* 글의 종류 시
* 중심 글감 2학년이 되어 설레이는 마음
* 중심 생각 시를 읽고 지은이의 마음을 헤아려 봅니다.
* 글의 주제 2학년이 되어 너무 기쁘다

❶ 희망 : 좋은 결과를 기대하는 마음

우리들은 2학년

발걸음도 가볍게
학교 가는 길.

우리들은 2학년
희망찬 가슴.

손잡고 웃는 얼굴
씩씩한 걸음.

㉠ 오늘부터 우리는
언니랍니다.

1 이 시는 지은이의 어떤 마음을 표현하고 있나요?

① 씩씩하게 걷는 모습
② 학교 가기 싫은 마음
③ 학년이 바뀌어 서운한 마음
④ 2학년이 되어 즐거운 마음
⑤ 엄마와 백화점으로 쇼핑을 하고 싶은 마음

2 이 시는 어떤 마음으로 읽어야 할까요?

_____

3 ㉠에서 지은이는 어떻게 '언니'가 되었을까요?

_____

1 2학년이 되어 좋은 점과 나쁜 점 두 가지씩 써 보세요.

2학년이 되어 좋은점

① _____

② _____

2학년이 되어 나쁜점

① _____

② _____

2 2학년이 되면 꼭 하고 싶은 일들을 써 보세요.

2학년이 되면

03 따르릉! 전화 왔어요

읽기 교과서 6~15 쪽 | 학습 목표 : 글을 읽고 자신의 생각과 느낌을 말할 수 있다.

* **글의 종류** 생활문
* **중심 글감** 새싹, 전화기
* **중심 생각** 새싹에게 걸려온 전화로 곧 꽃이 필 것이라는 암시를 주고 있다.

❶ **새싹** : 식물의 새로 돋는 싹. '어린이'를 비유하여 이르는 말.

새싹의 전화

햇볕이 따사로운 어느 봄날이었습니다.
준미는 마당에서 혼자 소꿉놀이를 하고 있었습니다.
그 때 전화가 왔습니다.
"따르릉, 따르릉!"
"어, 이건 장난감 전화기인데?"
준미는 눈을 동그랗게 떴습니다. 장난감 전화기의 줄은 꽃밭에 있는 개나리 가지에 묶여 있었습니다. 준미는 조심스럽게 전화를 받았습니다.
"여보세요, 거기 준미네 집이지요?"
"네, 제가 준미예요."
"겨울 동안에 잘 있었니? 우리는 새싹이야."
"새싹?"
"그래 ㉠여기는 갑갑해서 더 못 있겠어. 밖으로 나가도 되겠니?"
"그럼! 햇볕이 아주 따뜻해. 어서 나와. 나도 혼자 노니까 심심해."
"그래, 잠시만 기다려. 곧 나갈게."
준미가 전화를 끊었을 때 어머니께서 마당으로 나오셨습니다.
"엄마, 전화 왔어요. 친구들이 곧 온다고 했어요."
"어떤 친구들인데?"
"새싹 친구들이에요."
"새싹 친구들?"
㉡ 어머니께서 빙그레 웃으셨습니다.
"정말이에요. 방금 새싹이 전화를 했어요."

준미는 힘주어 말하였습니다. 어머니께서는 여전히 웃기만 하셨습니다.

"정말 새싹이 전화를 했는데……."

준미는 힘없이 말하였습니다. 따뜻한 봄볕이 준미의 얼굴에 내려앉으며 속삭였습니다.

"맞아, 새싹이 곧 나오겠다고 했어."

"맞아, 맞아."

봄바람도 준미의 머리카락을 쓰다듬으며 말하였습니다.

1 준미에게 전화를 건 것은 누구였나요?

_____

2 새싹이 말한 ㉠의 '여기'는 어디일까요?

① 하늘
② 구름
③ 책 속
④ 장난감 속
⑤ 나뭇가지 속

3 ㉡에서 엄마가 빙그레 웃으신 까닭은 무엇인가요?

① 새싹이 전화를 해서
② 친구에게 전화가 와서
③ 준미의 행동이 우스꽝스러워
④ 새싹이 온다는 말에 좋아서
⑤ 새싹이 전화했다고 믿는 준미가 귀여워서

4 새싹이 준미에게 무엇을 알려주려고 전화를 한 것일까요?

_____

_____

1 새싹이 돋아난 모습을 본 적이 있나요? 그 모습을 상상해서 그림으로 그려 보세요.

2 '봄' 하면 떠오르는 것을 써 보세요.

'봄'하면 떠오르는 것은요!

꽃밭

바람 손님 얘기는
올바른 얘기

절로절로 고개가
끄덕여지고…….

바람 손님 노래는
흥겨운 노래

절로절로 어깨가
우쭐대지고…….

베짱이를 욕하지 마세요

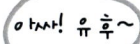

열심히 일하는 개미가 베짱이에게 일하라고 이야기 하고 있어요. 베짱이는 뭐라고 대답을 했을까요?

베짱이를 욕하지 마세요

01 베짱이야! 너 언제까지 그러고 있을래?

아~ 개미도 놀고 싶다!

개미들이 줄을 지어 먹을 것을 옮기다가 쉬고 있었어요.

그때 나무 위에서 베짱이의 노랫소리가 들려왔어요. 베짱이의 모습을 보자 개미들도 베짱이처럼 놀고 싶어졌어요.

"너무 힘들어서 일 못하겠어요. 나도 저 베짱이처럼 노래도 부르고, 놀고 싶어요. 정말 일하기 싫단 말이에요."

열심히 일하던 씽씽이가 말했어요.

"맞아! 도토리 몇 개면 겨울 내내 먹을 수 있는데 왜 계속 일을 해야 하냐구요?"

씽씽이 옆에 있던 꼬물이도 말했어요.

"베짱이처럼 노래 부르면서 놀고 싶다고? 아마 베짱이처럼 살다가는 겨울에 굶어 죽을지도 몰라. 그리고 새로 태어날 아기 개미들을 생각해 보렴."

대장 개미가 말했어요.

"아기 개미들이요?"

"그래, 만약에 우리가 먹을 도토리만 챙기고 놀기만 한다면 추운 겨울에 아기 개미들은 어떻게 되겠니?"

대장 개미의 말에 씽씽이와 꼬물이는 아기 개미들의 모습을 떠올렸어요.

"아! 아기 개미들은 일을 할 수가 없으니까 우리가 아기 개미들을 위해 미리 준비하는구나! 열심히 해야겠는걸!"

1. 여름 동안 힘든 일을 해야 하는 씽씽이와 꼬물이의 마음을 헤아려 보고 써 보세요.

_____

_____

2. 대장 개미가 열심히 일을 해야 한다고 말한 이유는 무엇일까요?

① 원래부터 했던 일이기 때문에
② 겨울에 도토리를 많이 먹어야 하기 때문에
③ 도토리가 없어지기 전에 챙겨 놓아야 하기 때문에
④ 새로 태어날 아기 개미들의 먹이를 준비해야 하기 때문에
⑤ 도토리를 많이 모아야 여왕 개미에게 칭찬을 받을 수 있기 때문에

3. 만일 개미들이 자기 먹을 것만 챙겨두고 놀기만 한다면 어떻게 될까요?

_____

4. 개미의 모습을 보면 우리를 위해 애쓰시는 부모님이 떠오르지 않나요? 부모님께 감사의 마음을 전하는 쪽지를 남겨 보세요.

엄마! 아빠!

02 쟤네 또 저러고 있네

누가 논다는 거야?

뭐? 나처럼 노래만 부르고 놀기만 하면 겨울에 죽을 거라고? 웃기시네. 뿡뿡!

너희들이 내 욕을 하는 거 나도 알아. 그런데 나도 너희들에게 할 말이 많다구……. 솔직히 말해 봐. 개미 너희들도 매일 일만 하는 것 힘들지?

따뜻한 겨울을 보내기 위해 준비하는 거라고? 물론 따뜻한 겨울을 보내기 위해 준비하는 것도 중요한 일이지. 그런데 너희들 그렇게 먹이를 많이 모아서 겨울 내내 다 먹을 수 있을 것 같아? 100년이 지나도 다 못 먹겠다.

매일 힘들게 일하는 너희들의 모습을 이 나무 위에서 보면 정말 불안해. 무거운 짐을 등에 지고 매일 그렇게 일만 하다가 혹시 그 가느다란 허리가 부러지지 않을까 걱정된다구…….

그렇다고 내가 다 잘했다는 것은 아니야. 너희들의 눈에는 내가 놀기만 하는 것으로 보이겠지만 그건 아니야!

나에게는 꿈이 있어. 가수가 되는 꿈. 이건 몰랐지?

난 너희처럼 열심히 일을 못해서 먹을 것은 부족하지만 그것보다 춤과 노래가 중요해. 그래서 피나는 연습을 했던 거야.

그러니까 너희들도 베짱이가 놀기만 한다는 고정 관념을 버리라구. 알겠니?

1. 개미와 베짱이가 각각 중요하게 생각하는 것은 무엇인가요?

개미	베짱이
개미가 중요하게 생각하는 것은요!	베짱이가 중요하게 생각하는 것은요!

2. 베짱이는 노래를 부르는 것이 가장 좋다고 하네요. 그렇다면 여러분은 무엇을 하고 노는 것이 가장 좋은가요?

엄마! 난 _____ 하는 것이 제일 좋아요!

03 베짱이 최고 가수왕 되다

앵커 : 나무 그늘 아래서 노래만 부르던 베짱이가 올해의 최고 가수왕 상을 받았다는 소식입니다. 이 소식에 연보음 기자입니다.

기자 : 저는 최고 가수왕 시상식이 열리는 세종문화회관 앞에 나와 있습니다.
오늘 최고의 가수왕은 '베짱이'에게 돌아갔습니다.
모두에게 인정받는 가수가 되기 위해 어렸을 때부터 노래만 불렀던 베짱이. 때로는 놀기만 한다는 비난을 받기도 했지만 그런 비난에도 자신의 꿈을 포기하지 않고, 끝까지 최선을 다해 노력해서 꿈을 이루어 냈습니다. 우리는 그런 베짱이에게 당신이 진정한 챔피언이라는 말과 함께 뜨거운 박수를 보내야 하지 않을까요?
세종문화회관에서 MBD 뉴스 연보음이었습니다.

가수 세븐 - 베짱이 성형 수술 후(?)

1 가수가 되기 위해 베짱이는 어떻게 했나요?

2 만약에 베짱이가 가수의 꿈을 포기하고 일만 했다면 어떻게 되었을까요?

만약에 베짱이가 일만 했다면

3 최고의 가수왕 상을 받은 베짱이에게 상장을 주려고 해요. 여러분이 심사위원이 되어서 베짱이에게 주는 상장을 만들어 보세요.

(가)	(나)	(다)
가수 세븐	야구 선수 이승엽	개그맨 갈갈이 삼형제

4 위 그림 속의 사람들은 꿈을 이루기 위해 어떤 노력을 했을까요?

(가)

(나)

(다)

5 29쪽, 2번으로 가 보세요. 만약에 여러분이 좋아하는 것만 계속한다면 어른이 된 여러분은 어떤 모습을 하고 있을까요? 상상해서 써 보세요.

만약에 내가   을(를) 계속 한다면……

열심히 일한 당신! 좋아요!

열심히 일한 당신에게 박수를……

만약에 여러분이 개미와 베짱이의 모습 중 한 가지를 선택해야 한다면 어떤 것을 선택하고 싶나요?

놀기만 한다고 생각했던 베짱이가 가수의 꿈을 이루기 위해 남모르게 노력한 모습도 훌륭해요. 그렇다면 따뜻한 겨울을 보낼 준비를 하고, 아기 개미들의 식량을 모으는 일을 열심히 한 개미의 모습은 잘못된 것일까요?

여러분, 한 번 생각해 보세요. 만약에 우리 모두가 베짱이처럼 자기가 하고 싶은 것만 한다면 어떻게 될까요? 예를 들어, 농부 아저씨가 맛있는 쌀을 기르지 않고 노래 부르고 춤추며 놀기만 한다고 생각해 보세요. 우리가 맛있는 밥을 먹을 수 있을까요?

또 자동차 공장에서 열심히 일하는 아저씨들이 놀기만 한다면 어떻게 될까요? 우리는 편리하게 자동차를 이용할 수 없고, 계속 힘들게 걸어야 하겠죠?

우리가 맛있는 음식을 먹고, 편리한 생활을 할 수 있는 것은 힘들게 일하는 분들이 계시기 때문이라는 것을 잊지 마세요.

1 열심히 일하시는 농부 아저씨께 힘내시라고 한 마디 해 주세요.

베짱이에게

베짱이야 안녕! 나 꼬물이야.

우선 가수왕이 된 너에게 축하한다는 말을 하고 싶어. 텔레비전에 나온 너의 모습을 보니까 신기하다.

우리가 힘들게 일할 때 하루 종일 노래 부르고 춤추는 너의 모습을 보았을 때 걱정 많이 했거든. 추운 겨울이 되면 어떻게 보내려고 그러나 해서 말이야. 그렇지만 부럽기도 했어. 지금에서야 알게 된 이야기지만 가수가 되는 꿈을 이루기 위해 노래와 춤을 연습했던 너의 모습이 말이야. 너 정말 대단하다.

힘들게 일할 때 너의 노래를 들으며 힘을 얻을 때도 있었어. 우리 개미들은 허리가 가늘잖아. 잠시 나무 그늘에서 너의 노래를 들으면 쉬면 금방 또 힘이 나서 열심히 일했었지.

가수가 되는 꿈을 이루었으니까 노래 연습 춤 연습을 더욱 열심히 해서 더욱 훌륭한 가수가 되기 바랄게. 다시 한 번 가수왕 된 것 축하해!

베짱이에게 개미가 가수왕이 된 것을 축하하면서 더욱 열심히 노력하라고 이야기 하고 있어요. 왜냐 하면 가수왕이 되었다고 끝은 아니니까요. 현재 자신의 자리에서 노력하고 열심히 하는 자세를 잊어서는 안 된답니다.

친하게 지내요 02

「말하기·듣기」·「읽기」 _ 둘째 마당 (1)「2학년이 되어」 (2)「정다운 우리」

나 찾아봐!

내 눈으로 보는 교과서 01

다른 사람의 말을 잘 들어요!

말하기 듣기 | 교과서 20~23쪽 | 학습 목표 : 상대방의 말을 주의 깊게 듣는 자세를 키운다.

내용풀이

* **주제** 바르게 듣기의 중요성
* **중심 생각** 다른 사람이 말할 때 주의를 기울여 듣습니다.

1. 찬석이는 왜 관찰 기록장을 안 가져 왔나요?

_____

2. 다른 사람의 말을 주의 깊게 들으면 좋은 점이 <u>아닌</u> 것은?
① 서로 싸우게 됩니다.
② 서로 사이가 좋아집니다.
③ 좋은 생각을 오래 기억할 수 있습니다.
④ 내가 모르고 있었던 것을 새롭게 알 수 있습니다.
⑤ 다른 사람에게 정확하게 이야기를 전해 줄 수 있습니다.

3. 다른 사람의 말을 들을 때 해야 하는 행동이 <u>아닌</u> 것은?
① 바른 자세로 듣습니다.
② 이야기를 끝까지 듣습니다.
③ 말하는 사람을 바라보며 듣습니다.
④ 말하는 도중에 끼어들어 이야기 합니다.
⑤ 궁금한 것이 있으면 이야기가 끝난 뒤에 묻습니다.

1 이 만화에서 사오정은 엄마께 뭐라고 이야기하고 있나요?

2 사오정과 엄마는 서로 어떤 오해를 하고 있나요?

3 다른 사람의 말을 잘못 듣고 오해한 경험이 있다면 친구들과 이야기해 보세요.

아랑이의 길 찾기

읽기 교과서 34~35쪽 | 학습 목표 : 글을 읽고, 자신의 생각과 느낌을 말할 수 있다.

* **중심 글감** 안내판
* **중심 생각** 읽기의 중요성에 대해 알 수 있다.

❶ 안내판 : 안내하는 내용을 적거나 그림으로 그려 놓은 것.

여기가 어디지?

아랑이는 사냥을 떠났습니다. 아랑이는 토끼를 보고 재빨리 쫓아갔습니다. 그러자 토끼는 동굴 속으로 숨어버렸습니다. 아랑이도 토끼를 쫓아 동굴 속으로 들어갔습니다.

토끼를 찾아 어둠 속을 한참 걷자 저 멀리 희미한 빛이 보였습니다. 빛을 따라 동굴 밖으로 나온 아랑이는 눈이 휘둥그레졌습니다. 아랑이가 살던 곳과는 전혀 다른 세상이었기 때문입니다. 산보다 더 높은 집과 많은 자동차가 있었습니다. 동물들은 온데간데없었습니다.

아랑이는 길을 따라 정신 없이 걸었습니다. 가도 가도 낯선 것뿐이었습니다. 아랑이는 덜컥 겁이 났습니다. 집으로 돌아가고 싶었습니다.

"동굴로 가려면 어디로 가야 하나요?"

사람들은 모두 안내판을 가리켰습니다. ㉠ 그러나 아랑이는 안내판을 읽을 수 없었습니다.

1 아랑이가 간 곳은 어디일까요?

_____

2 ㉠ 왜 아랑이는 안내판을 읽을 수 없었을까요?

_____

3 읽기의 중요성이 <u>아닌</u> 것은?

① 신문을 읽을 수 있습니다.
② 많이 읽으면 눈이 아픕니다.
③ 많은 정보를 얻을 수 있습니다.
④ 재미있는 책을 읽을수 있습니다.
⑤ 궁금한 것을 새롭게 알 수 있습니다.

1 아이의 질문에 뭐라고 대답해 주어야 할까요? 안내판을 보고 ㉠의 빈칸을 채워 보세요.

2 만약에 안내판이 없었다면 어떻게 될까요?

내 눈으로 보는 교과서 03

나는 이제 잘 쓸 수 있어요!

읽기 교과서 36~39 쪽 | 학습 목표 : 독서를 하면 많은 정보를 얻을 수 있다.

* 중심 글감 독서
* 중심 생각 독서를 통해 많은 지식을 얻을 수 있다.

❶ 모험 : 어떤 일을 위험을 무릅쓰고 하는 것

우주 여행

쓰기 시간에 '우주 여행'이라는 제목으로 글을 쓰게 되었습니다. 제목을 보고, 나는 얼마 전에 읽은 '토끼의 우주 여행'이라는 책을 떠올렸습니다. 그 책은 달나라 토끼들의 모험에 대한 이야기였습니다.

달나라에 살던 과학자 토끼가 우주로 여행을 떠납니다. 먼저, 지구에 들렀다가 가까운 별나라로 갑니다. 그리고 더 멀리 있는 별을 찾아가는 이야기입니다.

그리고 어제 읽은 만화책도 생각났습니다. 그 만화책의 내용은 별나라에 우주인이 살고 있다는 것이었습니다. 나는 별에도 우주인이 살고 있다고 생각하면서 글을 재미있게 썼습니다. 선생님께서 내 글을 읽어 보고 말씀하셨습니다.

"민지가 우주에 대하여 많은 것을 생각해 보았구나. 어떻게 ㉠ 이런 생각을 하게 되었니?"

"책을 읽고 생각하게 되었어요."

선생님께서 빙그레 웃으며 친구들에게 말씀하셨습니다.

"그래요. 우리는 책을 통해서 많은 것을 알게 되지요. 책을 많이 읽으면 생각이 풍부해지고 글도 잘 쓸 수 있게 된답니다."

1 윗 글의 내용이 <u>아닌</u> 것은?

① 토끼와 함께 달나라에 갔다.
② 민지가 선생님께 칭찬을 받았다.
③ 어제 읽었던 만화책이 생각이 났다.
④ '토끼의 우주 여행'이라는 책이 떠올랐다.
⑤ 민지는 '우주 여행'이란 제목으로 글을 썼다.

2 민지가 읽은 '토끼와 우주 여행' 어떤 내용의 책이었나요?

_____
_____

3 선생님께서 민지에게 말씀하신 ㉠'이런 생각'은 어떤 생각을 말하는 것일까요?

① 우주인이 별에도 살고 있다는 생각
② 책을 많이 읽으면 쓸 수 있다는 생각
③ 만화책의 내용을 그대로 옮겨야겠다는 생각
④ 글을 잘 써서 선생님께 칭찬 받고 싶은 생각
⑤ 자신이 쓴 것을 친구들에게 자랑하겠다는 생각

4 민지가 좋은 글을 쓸 수 있었던 이유는 무엇일까요?

① 글씨를 잘 쓰기 때문에
② 텔레비전을 많이 보았기 때문에
③ 선생님 말씀을 잘 들었기 때문에
④ 책을 읽고 생각이 풍부해졌기 때문에
⑤ 친구들과 매일 컴퓨터 게임을 했기 때문에

5 책을 많이 읽으면 어떤 점이 좋은지 써 보세요.

_____
_____
_____

6 좋은 책을 읽고 오랫동안 기억해 두려면 어떻게 해야 할까요? 두 가지만 써 보세요.

① _____

② _____

1 재미있게 읽었던 책의 이름과 기억에 남는 내용을 써 보세요.

책 이름 :

가장 기억에 남는 내용 :

2 내가 읽었던 책의 내용 중에서 기억에 남는 한 장면을 만화로 그려 보세요.

재미 있게 알려 봐요!

1 무엇을 알리는 포스터인가요?

2 이 포스터에서 빠진 것이 있다면 무엇이 있는지 찾아 써 보세요.

내 이마에 광고하세요!

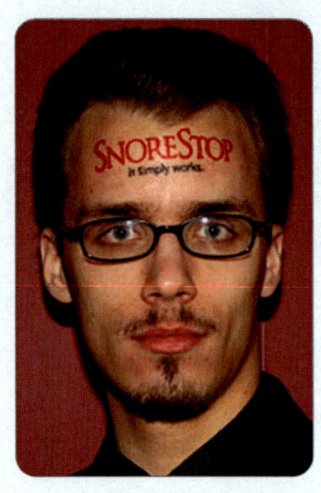

　미국의 20살 청년이 대학 등록금을 마련하기 위해 자신의 이마를 30일 동안 상표나 회사 로고 등을 새겨 광고를 할 수 있는 공간으로 제공하겠다며 인터넷 경매사이트에 내놓았답니다. 물론 가격은 비싸게 팔렸지요.
　만약 내가 길을 지나가다가 이마에 상표나 회사 로고를 새긴 사람을 보았다고 생각해 보세요. 신기해서 계속 쳐다보게 될 거예요. 이후 우리 나라에서도 이마를 광고 공간으로 활용하겠다는 사람이 나타났고, 또 8개월 된 임산부가 자신의 배를 광고 공간으로 제공하겠다는 사람도 나타났답니다.
　아무도 생각하지 못한 이런 기발한 생각은 작은 것 하나라도 관찰하는 생활 속에서 나온답니다.

단정한 옷차림

『바른생활』_ 1단원 「단정한 옷차림」, 2단원 「제자리에 바르게」

위 그림을 잘 보고, 어색한 것을 찾아 ○ 해 보세요.

우리 모두 같이 쓰는 물건이에요

바른생활 교과서 14~27쪽 | 학습 목표 : 물건을 소중하게 다루며 사용한다.

함께 써요

1 교실에서 나 혼자 쓰는 물건과 여러 사람이 함께 쓰는 물건은 무엇이 있는지 써 보세요.

나 혼자 쓰는 물건이에요	여러 사람이 함께 쓰는 물건이에요

2 교실에서 내가 생각하기에 지저분하다고 생각하는 곳은 어디인가요?

3 모두 함께 쓰는 물건은 누가 정리 정돈을 해야 하나요?

Step 01 물건을 잘 정리해요

미연아! 나 좀 꺼내줘!

나는 미연이의 공책이에요. 지금 나는 옷장 속에 있답니다. 공책이 왜 옷장에 있냐고요? 급하게 방을 치우던 미연이가 나를 옷장 속에 넣었거든요. 나는 미연이가 금방 나갈 수 있게 해 줄 거라고 믿었지만 미연이는 저를 찾지 않았어요.

그러던 어느 날, 옷장 밖에서 미연이가 나를 찾는 목소리가 들렸었어요.

"엄마! 내 공책 못 봤어? 책상 위에 있었는데 어디 있지?"

그 때 '미연아! 나 여기 있어!' 라고 말하고 싶었지만 할 수 없었어요. 잠시 후 다시 미연이의 목소리가 들렸어요.

"엄마! 나 공책 없어졌어. 새 공책으로 사 주세요."

"어디에다 두고 또 공책을 사달라고 하니? 물건을 함부로 두니까 못 찾잖아. 새 공책 사 달라고 하지 말고, 다시 찾아 봐!"라고 엄마께서 미연이를 꾸중을 하셨어요.

1 미연이가 찾고 있는 것은 무엇인가요?

2 미연이의 잘못은 무엇인가요?

3 물건을 잘 정리하려면 어떻게 해야 할까요?

Step 02 누가 누가 더 멋있나요?

㉠ 옷좀 잘 입고 다니세요.

㉡

① 양복을 입고 있는 사람

② 아프리카 토인

1 이 그림 속의 두 사람이 옷차림을 설명해 보세요.

① _____

② _____

2 그림 ①과 ② 중에서 여러분이 생각하기에 누가 옷을 잘 입고 있다고 생각하나요? 이유와 함께 이야기 해 보세요.

3 ㉠ '옷 좀 잘 입고 다니세요.' 라는 말에 아프리카 토인은 뭐라고 대답했을까요? ㉡에 들어갈 말을 써 보세요.

4 다음의 그림 (가)~(나)의 옷에 대해 설명해 보세요.

(가)	(나)	(다)	(라)
한국	알래스카	스코틀랜드	일본

5 나라마다 옷차림이 다른 이유는 무엇일까요? 이야기해 보세요.

Step 03 옷을 왜 입을까요?

1 이 그림을 보고 옷을 입는 이유를 써 보세요.

2 ㉠과 ㉡에 들어갈 알맞은 말을 써 보세요.

㉠

㉡

3 여러분 『벌거벗은 임금님』의 이야기를 알고 있나요? 어떤 이야기인지 친구들과 함께 이야기해 보세요.

_____

_____

4 생일 파티에 가야 하는 벌거벗은 임금님. 옷을 안 입고 있어 창피하대요. 멋진 옷을 입은 임금님으로 변신시켜 주세요.

잠깐! 어떤 옷이 좋은 옷일까요?

여러분은 어떤 옷이 좋은 옷이라고 생각하나요? 비싼 가격과 유명 상표의 옷이 좋은 옷일까요?

좋은 옷을 구분하는 기준은 사람마다 다르지만 깨끗하고 단정하게 입는 것이 제일 중요하다는 것을 잊지 마세요.

한걸음더 옷차림으로 남을 판단하지 말자!

1 대감은 왜 사또에게 나가라고 했을까요?

① 원수 사이였기 때문에
② 옷이 배고파했기 때문에
③ 남아있는 음식이 없었기 때문에
④ 음식상을 막 치우려고 했기 때문에
⑤ 옷이 더럽고 가난해 보였기 때문에

2 사또는 왜 옷 속에 음식을 넣었을까요? ㉠의 빈 칸을 채워 보세요.

_____

_____

무엇을 찾을까요?

『말하기·듣기』·『읽기』_ 둘째 마당 (1)「소중한 말과 글」(2)「찾아서 배우는 우리」

내 눈으로 보는 교과서 01

어떤 소리가 날까요?

말하기 듣기 | 교과서 26쪽 | 학습 목표 : 다양한 소리를 듣고 흉내내 본다.

내용풀이

* **주제** 소리 흉내말을 알아 본다.
* **중심 생각** 우리 주변의 소리나는 모든 것을 찾아 봅니다.

1 그림을 보고 ㉠~㉤에서 어떤 소리가 날지 써 보세요.

㉠ 비행기 -

㉡ 갈매기 -

㉢ 배 -

㉣ 버스 -

㉤ 기차 -

2 어울리는 것끼리 줄을 그어 보세요.

짹짹 · · 유리컵 깨지는 소리

멍멍 · · 시냇물 흐르는 소리

졸졸졸 · · 강아지가 짖는 소리

쨍그랑 · · 참새가 우는 소리

3 〈보기〉를 잘 보고, 소리 흉내말과 모양 흉내말을 써 보세요.

〈보기〉

경찰관이
호루라기를 휘익휘익 붑니다.

①

피아니스트가
피아노를 _____ 칩니다.

②

농부의 얼굴에
땀방울이 _____ 맺혔습니다.

③

자동차가 _____ 달립니다.

4 <보기>와 같이 소리나 모양을 흉내내는 말을 문장에 어울리게 써 보세요.

> <보기>
>
> 졸졸졸 : 시냇물이 _졸졸졸_ 흘러갑니다.
>
> 데굴데굴 : 공이 _데굴데굴_ 굴러갑니다.

① 딸랑딸랑 : _____

② 콜록콜록 : _____

③ 끄덕끄덕 : _____

④ 펄펄 : _____

⑤ 부슬부슬 : _____

⑥ 나풀나풀 : _____

1 다음 그림 속의 휴대폰에서 어떤 소리가 날지 생각해서 써 보세요. 주변에서 들었던 경험을 살려 보세요.

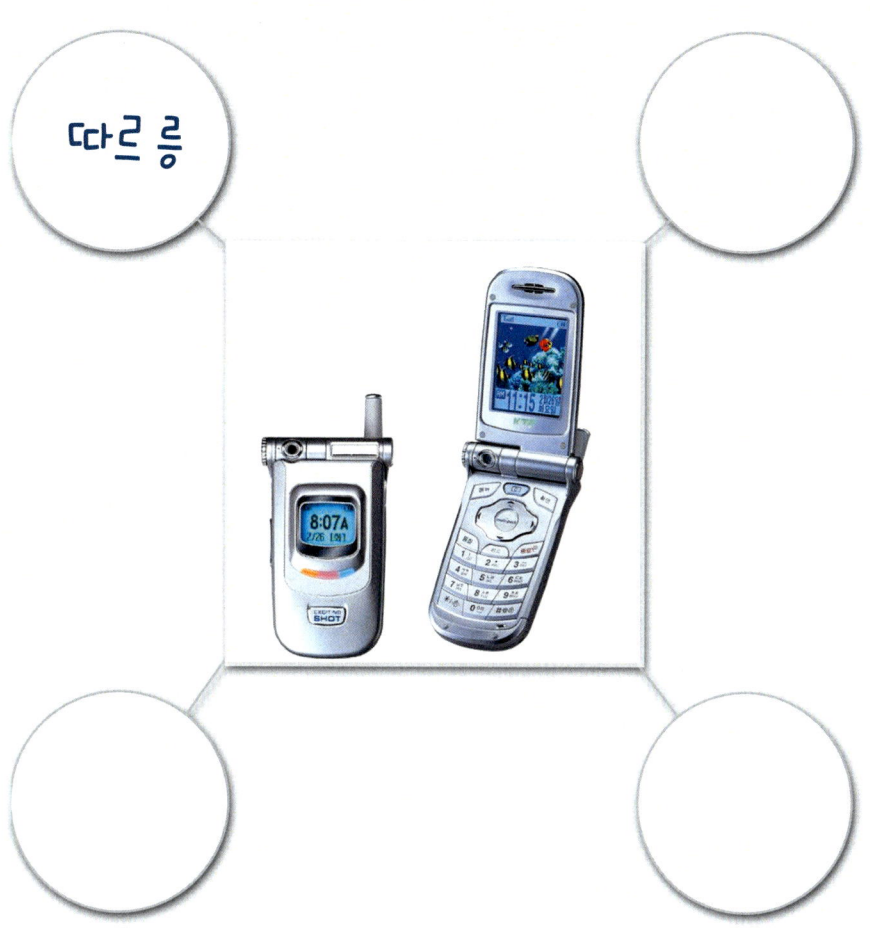

따르릉

2 여러분만의 휴대폰 벨소리를 만들어 보세요.

___
___
___

어름치에 대해 알아봐요!

읽기 교과서 42~43쪽 | 학습 목표 : 설명하는 글을 읽어 본다.

내용풀이

* **글의 종류** 설명문
* **중심 글감** 어름치
* **중심 생각** 어름치의 특징을 알 수 있다.

자갈을 모으는 어름치

어름치는 맑은 물에 사는 물고기입니다. 어름치는 4월이나 5월이 되면 자갈을 입으로 물어다 강바닥에 모읍니다. 어름치는 왜 강바닥에 자갈을 모을까요?

어름치는 강바닥에 구덩이를 파고 알을 낳습니다. 그리고 알이 떠내려가지 않도록 자갈을 물어다 탑처럼 쌓아올립니다.

어름치는 비가 많이 오는 해에는 자갈을 강의 가장 자리에 모읍니다. 그리고 비가 적게 오는 해에는 자갈을 강 한가운데에 모읍니다. 그래서 어름치를 보면 그 해의 날씨를 알 수 있다는 말도 생겼습니다.

1 어름치가 자갈을 입으로 물어다 강바닥에 모으는 이유는 무엇인가요?

① 어름치의 먹이가 자갈이기 때문에
② 비가 많이 온다고 알려야 하기 때문에
③ 알이 물에 떠내려가지 않게 하기 위해서
④ 다른 물고기로부터 자신을 보호하기 위해서
⑤ 모아둔 자갈 뒤에 숨어서 먹이를 찾아야 하기 때문에

2 어름치는 날씨에 따라 자갈을 모으는 곳이 다르대요. 어떻게 다를까요?

① 비가 많이 오는 해 : _____

② 비가 적게 오는 해 : _____

나는 누구일까요?

　저는 동물이에요. 미끈미끈하게 윤이 나는 갈색 털을 가지고 있고, 사람들이 저보고 족제비와 비슷하게 생겼대요. 저는 물이 있는 곳을 가장 좋아해요. 그리고 낮에는 저의 보금자리에서 쉬다가 위험에 닥치면 물 속으로 숨는답니다. 그래서 낮에 다니는 것보다는 밤에 다니는 것을 좋아해요.
　발가락 사이에 물갈퀴가 있어서 헤엄도 잘 친답니다.
　제가 제일 좋아하는 먹이는 물고기와 개구리예요.
　저의 예쁜 털은 모자나 외투 깃을 만드는데 쓰이기도 한답니다.
　마지막으로 제 사진을 보여드릴게요. 나는 누구일까요?

1 위 글에서 말하고 있는 '나'는 누구일까요?

_____

2 위 글에서 말하고 있는 동물이 가장 좋아하는 곳은 어디인가요?

_____

3 위 글을 통해 우리가 알 수 있는 것은 무엇인가요?

_____

내 눈으로 보는 교과서 03 원숭이 의사 선생님 도와주세요!

읽기 교과서 44~49쪽 | 학습 목표 : 등장하는 동물들의 모습을 상상하여 읽어 본다.

*중심 글감
*중심 생각 글을 읽고 동물들의 모습을 상상해 봅니다.

❶ 진찰 : 의사가 여러 수단을 써서 병의 유무나 증세 따위를 살피는 일
❷ 삽살개 : 털이 북슬북슬한 개. 삽사리라고도 한다. '귀신을 쫓는 개'라는 뜻을 지닌 한국 고유의 특산종으로 천연기념물로 지정되어 있다.

동물 병원

숲 속 동물 나라에 병원이 있습니다. 원숭이 의사가 창 밖을 내다봅니다. 오늘은 날씨가 맑아 멀리까지 보입니다.
토끼 아주머니가 걸어옵니다. 뱃속의 아기가 다칠까봐 조심스럽게 걸어옵니다. 토끼 아주머니가 들어오자 원숭이 의사는 진찰을 시작합니다. 청진기를 여기저기 대어 봅니다. 토끼 아주머니는 걱정스러운 표정으로 말합니다.
"괜찮을까요? 배가 아픈데요."
"걱정하지 마세요. 건강한 아기가 태어날 테니까요."
토끼 아주머니의 얼굴이 그제야 밝아집니다.
원숭이 의사가 삽살개 간호사에게 말합니다.
"이분을 조용한 방으로 모시도록 하세요."
토끼 아주머니가 삽살개 간호사를 따라갑니다.
"다음 분 들어오세요."
토끼 아주머니의 뒤를 이어 소 아주머니가 들어옵니다. 소 아주머니는 이상하다는 듯이 물어 봅니다.
"아니, 토끼 아주머니를 왜 조용한 방으로 데려갔나요?"
원숭이 의사가 친절하게 대답합니다.
"토끼 아주머니는 워낙 겁이 많으세요. 그래서 아기를 낳을 때에는 아무도 가까이 가서는 안 되지요. 토끼 아주머니에게는 약간 어둡고 조용한 방이 좋습니다."
소 아주머니는 알았다는 듯이 고개를 끄덕입니다.
"저도 아기를 낳을 때가 된 것 같아요."
원숭이 의사가 진찰을 한 뒤 고개를 갸우뚱거리며 묻습니다.
"아기를 가진 지 얼마나 되셨지요?"
"여덟 달 정도 되었어요."
㉠ 원숭이 의사가 잠시 생각을 한 뒤 웃으며 말합니다.
"여덟 달 정도 되었다면 아직 낳을 때가 아니군요. 한 달쯤 뒤에 다시 오세요."
"그래요? 난 곧 낳게 될 줄 알았는데……"
소 아주머니가 실망스러운 표정을 지으며 돌아갑니다.

1 토끼 아주머니가 걱정하는 이유는 무엇인가요?

① 삽살개 간호사가 무서워서
② 원숭이 의사 선생님이 겁을 줘서
③ 아픈 주사를 맞아야 낫는다고 해서
④ 뱃속의 아기가 다칠까 봐 걱정이 되서
⑤ 원숭이 의사 선생님을 믿지 못해서

2 토끼 아주머니를 조용한 방으로 모셔간 까닭은 무엇인가요?

3 소 아주머니는 아기를 언제 낳을 수 있을까요?

4 왜 원숭이 의사선생님은 ㉠과 같은 행동을 했을까요?

오리 가족의 나들이

오리 엄마는 새끼들을 데리고 나들이를 나왔어요.
"애들아, 밖에 나오니까 참 좋지?"
세상에 태어나 처음으로 밖에 나온 오리 새끼들은 너무나 신이 났어요.
하지만 막내는 아직 너무 어려서 걸음이 느려요. 오리 가족은 차들이 쌩쌩 다니는 도로 위를 지나가야 했어요.

1 이 사진 속의 차들과 사람들은 무엇을 하고 있나요?

다 함께 불러봐요!

귀여운 꼬마

1. 귀여운 꼬마가 닭장에 가서 암탉을 잡으려다 놓쳤다네
   닭장 밖에 있던 배고픈 여우 올커니 하면서 물고 갔다네
   ㉠ 암탉 소리를 쳤네 ㉠ 암탉 소리를 쳤네
   귀여운 꼬마가 그 꼴을 보고 웃을까 울을까 망설였다네

2. 귀여운 꼬마가 돼지우리에 가서 돼지를 잡으려다 놓쳤다네
   울밖에 있던 배고픈 늑대 올커니 하면서 물고 갔다네
   ㉡ 돼지 소리를 쳤네 ㉡ 돼지 소리를 쳤네
   귀여운 꼬마가 그 꼴을 보고 웃을까 울을까 망설였다네

1 ㉠과 ㉡에 들어갈 동물의 울음 소리를 써 보세요.

㉠

㉡

2 왜 꼬마는 웃을까 울을까 망설였을까요? 소녀의 마음을 헤아려 보세요.

영재클리닉 02

살기 좋은 우리 집

「슬기로운 생활」_ 2단원 「살기 좋은 우리 집」

한 걸음씩!

무엇을 하는 곳일까요? 상상해 보세요.

교과서 탐구
살기 좋은 우리 집

슬기로운생활 교과서 20~29쪽 | 학습 목표 : **집에 대해 알아본다.**

집은 다양해요!

1 우리가 살고 있는 집에는 어떤 것들이 있을까요?

_____

2 여러 가지 집의 모양을 살펴 보고, 무엇이 다른지 써 보세요.

아파트

한옥

초가집

양옥

① 같은 점 : · _____
· _____

② 다른 점 : · _____
· _____

3 집을 아름답게 꾸미기 위한 방법이 <u>아닌</u> 것은?

① 청소를 깨끗이 한다.
② 꽃이나 나무를 기른다.
③ 예쁜 벽지로 장식을 한다.
④ 쓰레기를 쓰레기통에 버리지 않는다.
⑤ 물건을 쓰고 난 후에 제자리에 놓는다.

4 내가 살고 있는 집 안의 모습을 그림으로 그려 보세요. 그리고 친구의 집과 우리 집의 모습이 어떻게 다른지 비교해 보세요.

Step 01 집이 달라졌어요!

※ 다음 그림을 보고 물음에 답하세요.

㉠ 아파트에 살아요
㉡ 동굴에서 살아요
㉢ 초가집에 살아요
㉣ 들판에서 살아요

1 시대에 따라 집의 모양이 바뀐 순서를 알맞게 배열해 보세요.

2 ㉠의 아파트가 ㉡의 동굴보다 좋은 점은 무엇일까요?

· 겨울에 춥지 않고 따뜻하다.

·

3 만약에 집이 없다면 불편한 점은 무엇일까요? 여러분의 상상력을 동원하여 세 가지만 써 보세요.

만약에 집이 없었다면 우리는…

①

②

③

4 미래에 여러분이 살 집을 짓는다면, 어떤 집을 짓고 싶은지 생각해 보고, 그 집의 특징을 써보세요.

- 지붕이 단추만 누르면 열려서, 하늘이 보이도록 지을 거야.

Step 02 | 식물과 동물들도 집이 있어요

1 다음 사진 속의 집은 누구의 집인지 어울리는 것끼리 줄을 이어보세요.

2 다음 사진을 잘 보고 물음에 답하세요.

나는 거미예요. 우리 집은요! <u>거미줄</u>이랍니다.

① 우리 집은 어디일까요?

나는 밤이에요. 우리 집은 _____(이)랍니다.

② 우리 집은 어디일까요?

나는 벌레예요. 우리 집은 _____(이)랍니다.

Step 03 | 내가 살고 싶은 집은요!

※ 다음 그림은 미래의 집을 그린 친구의 그림이에요. 미래 세계를 상상해 보고, 여러분이 살고 싶은 집을 그림으로 그려 보세요.

그림을 그려 보세요~

엄마! 제 편지를 받아 주세요!

『쓰기』_ 둘째 마당 「무엇을 찾을까요?」

하나님께 기도를 한다면 어떤 말을
하고 싶은가요?

엄마! 제 편지를 받아 주세요!

쓰기 | 교과서 24~27쪽 | 학습 목표 : **쓰기의 중요성에 대해 알 수 있다.**

1 위 그림을 잘 보고, 무엇을 이야기하고 있는지 써 보세요.

뛰어넘자 교과서 | 그림 편지를 써 봐요!

1 위 그림을 무엇을 표현한 것으로 보이나요?

2 이런 그림을 남긴 이유는 무엇인지 이야기해 보세요.

3 오늘 하루 중에서 가장 기억에 남은 일을 써 보세요.

4 1번에서 글로 쓴 것을 4개의 그림으로 그려 보세요.

5 오늘 있었던 일을 글로 썼을 때와 그림으로 그렸을 때 어떤 것이 더 쉬웠나요? 친구들과 이야기해 보세요.

논술 에너지를 쌓아라! **01** 엄마께······

※ 다음 글을 읽고 물음에 답하세요.

편지 1

엄마께

　엄마 아이스크림 많이 먹은 것 정말 죄송합니다. 앞으로 절대 아이스크림을 많이 먹지 않겠습니다. 또 아이스크림을 사달라고 다시는 아빠를 조르지 않겠습니다. 엄마 말씀 잘 듣는 착한 어린이가 되겠습니다.

편지 2

내가 제일 좋아하는 엄마 보세요

　엄마! 배탈난다고 아이스크림 많이 먹지 말라고 했는데 몰래 다 먹어서 죄송해요. 냉장고를 열어보니 내가 좋아하는 키위맛 아이스크림이 있잖아요. 어쩔 수 없었어요.
　엄마는 아이스크림 먹지 말라고 하고 냉장고에 아이스크림을 두면 어떻게 해요. 그리고 앞으로 정말 아이스크림 많이 안 먹을 테니까 안 사준다는 말은 하지 마세요. 아셨죠?

1 이 두 글은 누구에게 무엇을 이야기하고 있나요?

2 이 두 글의 차이점이 무엇인지 이야기해 보세요.

편지 1	편지 2

그림 편지를 써 봐요!

1 다음 낱말에 어울리는 그림을 그려 보세요.

가방	신발
전화기	**웃음**
사랑	**화남**

2 그림으로 그렸을 때 어려운 점은 무엇인지 이야기해 보세요.

우리 집은 어디지?
우리집을 찾아 주세요.

혜린이에게

혜린아, 안녕! 잘 지내고 있니?

난 🤧 에 걸려서 너무 아팠어. 넌 어때? 안 걸렸니?

🤧 걸리면 꼭 🏥 에 가서 ㉠ 주사 맞고, 약 먹어!

혜린아, 1학년 때 너랑 나랑 같이 👩‍🏫 께 혼난 것 기억나?

수업 시간에 떠들어서 혼났잖아. 그때 너 많이 👧 울었었는데……

참, 얼마전에 우리 집에 🐶 강아지가 선물로 들어왔다고 했잖아.

우리 🧒 오빠가 오늘 이름을 지어주었어. '해피'라고, 이름 예쁘지?

우리 ㉡ 집 에 놀러 오면 한번 봐. 알았지? 보고 싶어, 혜린아!

그럼 안녕.

수현이가

3 '㉠ 주사'와 '㉡ 집'에 어울리는 그림을 그려 보고 그림으로 편지를 쓰면 좋은 점을 이야기해 보세요.

㉠	㉡

한걸음더 | 그만해! 나 아프단 말이야!

삐돌이 민철이에게

민철아! 엄마야.

아까 엄마가 소리쳐서 놀랬지? 아까 엄마가 너무 속상해서 그랬어.

민철이가 얘기하는 것 듣다보면 이상하고 나쁜 말을 많이 사용하더라.

민철이가 하는 말을 다른 사람이 들으면 얼마나 기분이 나쁠까 생각해 본 적 있어? 반대로 민철이가 그런 말을 들었다고 생각해봐. 기분이 어떨까?

엄마는 민철이가 나쁜 말을 사용 안 했으면 좋겠어.

그리고 저번에 엄마와 다시는 욕도 안하고 이상한 말 안 쓴다고 약속해 놓고 안 지켰지? 약속도 안 지키는 민철이 때문에 엄마가 얼마나 속상했겠어. 엄마 마음 이해하지?

엄마는 민철이가 예쁘고, 고운 말을 사용하는 아이가 되었으면 좋겠어.

이번에는 민철이를 한 번더 믿어 볼게. 엄마와 한 약속 지킬 거지?

약속!

1 엄마가 왜 민철이에게 화를 냈을까요? 글을 잘 읽고 써 보세요.

2 엄마가 민철이에게 하고 싶은 말을 찾아 써 보세요.